OLOR A
OVEJAS

Perspectivas y principios para el servicio

David S. Ocasio

La misión de Editorial Vida es ser la compañía líder en satisfacer las necesidades de las personas con recursos cuyo contenido glorifique al Señor Jesucristo y promueva principios bíblicos.

OLOR A OVEJAS
Edición publicada por
Editorial Vida – 2010
Miami, Florida

Edición: *Marta Díaz*
Diseño interior: *Base Creativa*
Diseño de cubierta: *Base Creativa*

ISBN: 978-0-8297-5691-3

CATEGORÍA: Vida cristiana/General

IMPRESO EN ESTADOS UNIDOS DE AMÉRICA
PRINTED IN THE UNITED STATES OF AMERICA

13 14 15 16 ❖ 7 6 5 4 3 2

Agradecimientos

Quiero darle las gracias sobre todo a mi querida esposa, amiga y compañera, Yvonne, por sus valiosas sugerencias y por la transcripción del escrito. Su espíritu afable, su buen humor y sabiduría siempre han sido una fuente inagotable de riqueza para mí. También a la hermana Gloria de Moreno, esposa de pastor y profesora de español, por su labor en la corrección gramatical. Igualmente a mis queridos hijos, Jonathan, Mirelys y Joel, mi primer «rebaño», por su creatividad y sus importantes opiniones. De igual forma, a los pastores Rdo. Ángel

OLOR A OVEJAS

Luís Candelario, de la Iglesia Discípulos de Cristo, Río Plantation, Bayamón PR; Rdo. Richard Oliver, ministro ordenado de las Asambleas de Dios, y Rdo. Israel Moreno Rivas, de la Iglesia Metodista de PR, Villa Carolina, Carolina PR, por dedicar su valioso tiempo a analizar el escrito y hacerme recomendaciones muy pertinentes.

Dedicatoria

Dedico este escrito a los miles y miles de pastores y pastoras de todas las épocas y de todas las regiones, héroes y heroínas en el anonimato, que laboran diaria y sacrificadamente con corazones de siervos, cumpliendo y desarrollando su ministerio con fidelidad, desinterés, pasión, valor, dignidad y respeto, siempre a favor del «rebaño» del Señor. ¡Su valía y su influencia positiva a través de las generaciones son incalculables!

Contenido

Capítulo IV
¡Tu recompensa viene!   81

Prólogo

Han pasado los años y todavía conservo sobre mi mesa de estudio un regalo muy especial. Me lo hizo llegar un amable miembro de una de las distinguidas congregaciones que tuve el privilegio de pastorear en Puerto Rico (¡dicen que los grandes regalos vienen en paquetes pequeños!). Fue un obsequio sencillo pero muy significativo, y su simbolismo conmovió mi vida como pastor. Al abrir la cajita, con curiosidad observé que era una pequeña figura, hecha de cerámica, de un pastor de ovejas que, con mirada de misericordia, cargaba uno de sus corderitos sobre sus hombros. ¡De momento... mi corazón se apresuró en latidos, mis ojos se humedecieron con lágrimas y mi garganta se apretaba de emoción! Mientras contemplaba la figura, me imaginaba que el pastor de ovejas, necesariamente, se impregnaba del olor de su cría, entretanto ejercía su labor. Ese contacto ineludible era algo inherente a su oficio. La lana de las ovejas le hacía sudar con facilidad, de manera que el contacto con ellas, al cargarlas, dejaba el olor peculiar impregnado sobre él.

En medio de todas las responsabilidades espirituales, más el ajetreo administrativo multifacético y diario que conlleva el pastorado contemporáneo, aquel mensaje visual tocó la fibra de mi corazón y me dio el título de este escrito. Recordé cómo Dios me había llamado desde mi juventud, al ministerio, en la ciudad de Nueva York. El «olor a ovejas» estaba impregnado en mi corazón. Entre emociones mixtas, me venía a la mente la escena de Jesús resucitado, a la orilla del lago de Tiberias, desayunando con un Pedro desanimado (y futuro pastor) preguntándole: «¿Pedro, me amas?», y luego de la respuesta de Pedro, el Señor le ordenó: «¡Apacienta mis ovejas!». «Y volvió a preguntarle: "Simón, hijo de Juan, ¿me amas?". "Sí, Señor, tú sabes que te quiero"». Luego el Señor le dijo: «Cuida de mis ovejas» (Juan 21:16). El Señor no estaba echándole en cara a Pedro su pasada negación, sino confirmándole que a pesar de su tropiezo, aún contaba con su intimidad y su amor. Ese amor lo impulsaría a cuidar de su iglesia. Dicho de otra forma, el Señor le estaba diciendo: muéstrame que me amas... cuidando, guiando y alimentando mi rebaño.

Sin dudas, en esta época de desafíos y crisis universal de liderazgo, necesitamos recapturar y atesorar el «romanticismo», la nobleza, la seriedad y lo emocionante del llamado pastoral bíblico. En días donde algunos son atraídos al ministerio pastoral por motivaciones incorrectas, seducidos por los «olores» autogratificantes de posiciones y grandezas (egoísmo), por los deseos casi adictivos de reconocimiento y renombre (vanagloria), el aprovechamiento económico incorrecto (lucro), las ansias de poder, control y autoridad hasta para obtener influencia política (orgullo), necesitamos recordar que el «olor a ovejas» es y siempre será la mayor evidencia auténtica de nuestro llamado divino. Sea tu ministerio (servicio) el del pastorado, el de apostolado, el de evangelista, u otro, todo se vincula intrínsecamente a la cercanía, el servicio y el bienestar de «las ovejas».

Los «aires» de superioridad y de autopromoción son actitudes que lesionan el ministerio pastoral y afectan el servicio a las «ovejas». Nuestro enfoque permanente debe ser engrandecer el reino de Dios, no nuestro «propio reino».

Sabemos que desde tiempos inmemorables ha existido la vida pastoril. En realidad, es la primera ocupación mencionada en la Biblia: «Después dio a luz a Abel, hermano de Caín. Abel se dedicó a pastorear ovejas, mientras que Caín se dedicó a trabajar la tierra» (Génesis 4:2). En Israel abundaban las ovejas. Uno de los personajes bíblicos más antiguos, Job, llegó a tener catorce mil de ellas. «El SEÑOR bendijo más los últimos años de Job que los primeros, pues llegó a tener catorce mil ovejas...» (Job 42:12). De hecho, en las Escrituras es frecuente la analogía entre pastor y ovejas para representar la relación de intimidad, cuidado y protección de Dios con su pueblo. «Somos su pueblo, ovejas de su prado» (Salmo 100:3); «El SEÑOR es mi pastor, nada me falta» (Salmo 23:1); «A su pueblo lo guió como a un rebaño; los llevó por el desierto, como a ovejas» (Salmo 78:52); «Y nosotros, tu pueblo y ovejas de tu prado...» (Salmo 79:13); «Pastor de Israel, tú que guías a José como a un rebaño, tú que reinas entre los querubines, ¡escúchanos!...» (Salmo 80:1); «Y afirmo también que yo soy su Dios y que ustedes son mis ovejas, las ovejas de mi prado» (Ezequiel 34:31); «Antes eran ustedes como ovejas descarriadas, pero ahora han vuelto al Pastor que cuida de sus vidas» (1 Pedro 2:25).

En el Nuevo Testamento, la palabra apacentar tiene la misma connotación que pastorear. «Por tanto, mirad por vosotros, y por todo el rebaño en que el Espíritu Santo os ha puesto por obispos, para apacentar la iglesia del Señor, la cual él ganó por su propia sangre» (Hechos 20:28, RVR 1960).

Aunque no pretendo afirmar que todo detalle de lo que ocurre en el campo entre pastores y ovejas es aplicable a la vida contemporánea del ministerio pastoral, sí encuentro que existen muchos aspectos con principios y enseñanzas poderosas que enriquecerán nuestro entendimiento de este maravilloso don ministerial. ¡Ven, exploremos juntos las semejanzas!

David Samuel Ocasio

Capítulo I

¡Trampa mortal!

Ser versus hacer

Era el hogar, si se le puede llamar así, favorito de Jesús. Acostumbraba compartir con Lázaro y sus hermanas, Marta y María, cada vez que pasaba por Betania. Esto fue lo que sucedió un día: «Mientras iba de camino con sus discípulos, Jesús entró en una aldea, y una mujer llamada Marta lo recibió en su casa. Tenía ella una hermana llamada María que, sentada a los pies del Señor, escuchaba lo que él decía. Marta, por su parte, se sentía abrumada porque tenía mucho que hacer. Así que se acercó a él y le dijo:

—Señor, ¿no te importa que mi hermana me haya dejado sirviendo sola? ¡Dile que me ayude! —Marta, Marta —le contestó Jesús—, estás inquieta y preocupada por muchas cosas, pero sólo una es necesaria. María ha escogido la mejor, y nadie se la quitará» (Lucas 10:38-42).

La enseñanza poderosa de esta historia está en el hecho de que el Señor le dio más énfasis al «ser» que al «hacer». El quehacer de Marta, que al parecer quería impresionar a Jesús, la puso histérica y nerviosa, y comenzó a tener un espíritu de queja contra su hermana María. En cambio María, quien también era conocedora de las artes culinarias, fue transparente pues optó por aprovechar la visita especial de Jesús y se sentó en quietud a sus pies para absorber cada palabra que salía de su boca. Jesús, pesando ambas actitudes, dijo que María había escogido la mejor parte y que no le sería quitada. Es decir, más que la administración de la comida por parte de Marta, la actitud de María ante la presencia de Jesús era lo más importante. ¿Te suena familiar?

Las exigencias y presiones del pastorado contemporáneo pueden hacernos caer en la trampa mortal de estar tan obsesionados y absorbidos por la burocracia administrativa de la obra, que también nos olvidemos del contacto e influencia con las «ovejas». Se puede estar tan preocupado por las cosas secundarias, que no le damos importancia a la prioridad de la cercanía pastoral con las almas. Tal olvido trae desenfoque de misión y desequilibrio en la acción. Como dijera Donald A. Mcgavran: «Muchos líderes, tanto laicos como ministros, se atan a programas que tienen poco que ver con la propagación del evangelio y nada que ver con la búsqueda de los

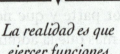

La realidad es que ejercer funciones pastorales no es igual que ser pastor. Es más crucial el ser, que el hacer.

perdidos. Un ministro puede estar atrapado en un trabajo espléndido, crezca la iglesia o no crezca».

La realidad es que ejercer funciones pastorales no es igual que ser pastor. Es más crucial el ser, que el hacer. Si no nos cuidamos, nos podemos convertir con facilidad en talentosos profesionales y técnicos religiosos, perdiendo así la esencia de nuestra vocación.

¡Nos quemamos!

La dependencia de metodologías administrativas puede llegar a ser adictiva, al mismo tiempo que se deteriora nuestro poder relacional con las «ovejas». Además, esta trampa mortal de la ocupación burocrática pastoral tiene el potencial de minar nuestra propia búsqueda de Dios y su Palabra. Por ende, las almas sufren las consecuencias, al recibir «pastos» mediocres y sin vitalidad espiritual.

Tal fue el sentir de los apóstoles en la iglesia naciente, cuando fue creciendo el quehacer administrativo. Prefirieron autolimitarse a aquello que entendían los vinculaba directamente con la salud espiritual de las «ovejas», mientras delegaban otras funciones. «Así que los doce reunieron a toda la comunidad de discípulos y les dijeron: "No está bien que nosotros los apóstoles descuidemos el ministerio de la palabra de Dios para servir las mesas. Hermanos, escojan de entre ustedes a siete hombres de buena reputación, llenos del Espíritu y de sabiduría, para encargarles esta responsabilidad. Así nosotros nos dedicaremos de lleno a la oración y al ministerio de la palabra"» (Hechos 6:2-4). Observemos la prioridad que le dieron a la oración y a la Palabra. Los apóstoles siempre experimentaron, como claves del éxito, la oración y la ministración de la Palabra. Su intimidad y dedicación en estos dos renglones con seguridad les proveyó la unción y la gracia de Dios para desarrollar un trabajo de evangelismo masivo a través del imperio romano y sus áreas limítrofes. Ellos le enseñaron esto a la iglesia naciente. Nuestro cuidado por lo administrativo (que sin duda, hoy día, es parte inherente de nuestro rol) debe ser balanceado con una sabia delegación (en otro capítulo abundaré más en relación a la necesidad de una sabia delegación), con el fin de tener una buena dosis continua de cercanía pastoral a las «ovejas». Se ha probado que la burocracia administrativa desmedida también puede amenazar las relaciones interpersonales con nuestro primer «rebaño», la familia pastoral. Nos podemos tornar formalistas y fríos en el trato relacional con nuestras primeras «ovejas», provocando el despego emocional y afectivo. En efecto, ocurre el famoso «burnout» o el «quemarse» en el ministerio. Tenemos que recordar, intencionalmente, que nuestra labor principal no debe ser la administrativa, sino lo que nos impregna con el «olor a ovejas».

Por un momento, hagamos un breve autoanálisis: ¿A cuántas vidas y familias hemos ayudado a conectarse con Dios y su Palabra de una manera personal? ¿A cuántos hemos guiado a reconciliarse con el Señor? ¿A cuántos les hemos sembrado el consuelo y el consejo sabio y balanceado de las Escrituras, para así ver madurez en su conducta?

> *¿Cuánto tiempo de calidad hemos invertido en nuestras relaciones matrimoniales y con nuestros propios hijos, a pesar de nuestras múltiples responsabilidades ministeriales?*

Si estamos más preocupados por compartirles a nuestros oyentes «la última revelación de Dios» que hemos recibido, en lugar de la siempre rica y efectiva Palabra de Dios, hemos caído también en la trampa mortal del sensacionalismo para fama. Reflexionemos, ¿buscamos mera multiplicación de números o la salud espiritual de «las ovejas»? ¿Queremos complacer expectativas humanas para impresionar o procuramos intencionalmente la madurez espiritual de las almas que están a nuestro cuidado? Estas son preguntas de autoevaluación con sustancia para el cuidado de las almas, y todo esto requiere cercanía pastoral.

¡No caigamos en el desbalance de esta trampa mortal! ¡Qué satisfacción tendremos al enfrentar el reto dual de ser eficientes y efectivos en lo administrativo, sin dejar que se pierda nuestra prioridad como pastores «con olor a ovejas»!

Y hablando de ovejas, ¿cómo es la vida en el campo?

Capítulo II

El campo de ovejas

En la Biblia hay más de quinientas alusiones a las ovejas (en griego original *probatón*). Por su falta de defensa y su mansedumbre, las ovejas se utilizan en las escrituras como símbolo literario del hombre sufrido, carente de cuidado y dirección. «Aun si voy por valles tenebrosos, no temo peligro alguno porque tú estás a mi lado; tu vara de pastor me reconforta» (Salmo 23:4); «Por eso las ovejas se han dispersado: ¡por falta de pastor! Por eso están a la merced de las fieras salvajes» (Ezequiel 34:5).

El conocer las características de su naturaleza nos servirá de analogía en relación con el cuidado de almas. Las ovejas son vulnerables a las fieras salvajes como el chacal y la hiena. Necesitan la protección de sus pastores. Son distraídas y, a veces, se desvían del resto del rebaño. En otras ocasiones, meramente imitan la conducta de otras ovejas.

Brinquemos porque otros brincan

En cierta ocasión, un pastor de ovejas comprobó esta última característica al hacer una prueba con su rebaño. Cuando guiaba a sus ovejas hacia el redil, cruzando la entrada de la puerta del mismo, colocó horizontalmente una pequeña vara como a tres pulgadas de altura del terreno. Al pasar las primeras ovejas, brincaban la varita para no tropezar con ella. Luego, el pastor sutilmente se acercó por el lado y muy despacio removió la varita de la entrada mientras seguían pasando sus ovejas. ¡Para su sorpresa, las ovejas que seguían entrando al redil, al llegar a la puerta, continuaban brincando como si todavía la varita estuviera allí! Lo que ocurrió fue que cada oveja que entraba estaba imitando el salto de la oveja que le precedía. ¡Se copiaban las conductas!

Cuando van a abrevarse en alguna fuente de agua, si no están tranquilas, se asustan y no la toman. Ellas necesitan tomar de aguas en reposo y quietud. Las ovejas tienen un sentido gregario de siempre estar apiñadas unas con otras mientras siguen al pastor.

Sin embargo, en ocasiones el pastor de ovejas dará unos toquecitos con su vara a la oveja que siempre se está apartando del rebaño, con el propósito de enseñarle a no desviarse del grupo. También lanzan piedras pequeñas con la honda, cerca de la oveja que se desvía, para hacerla retornar al rebaño. Aunque el pastor no puede cargarlas a todas, a veces carga a las más tiernas, débiles, enfermas y a los corderitos, por su delicadeza. Llega el momento en que la oveja debe ser esquilada, pues con tanta lana, si se cae, no podría levantarse por sí misma y puede morir de fatiga. Necesitará la mano del pastor para volver a ponerse en pie. En el libro de Génesis se habla del esquilado de ovejas. «Labán estaba ausente esquilando sus ovejas» (Génesis 31:19).

Campo minado

De igual manera, en el pastorado de vidas, el trabajo es diario, fuerte y continuo, requiriendo toda nuestra energía y concentración. Algunos comparan las zonas de «ovejas» con un «campo minado», debido a la diversidad de necesidades y problemáticas humanas. Hay quien se desengaña al entrar al ministerio, pues siempre espera encontrar «ovejas» saludables y «rebaños» tranquilos. Eso puede ser lo ideal, pero la realidad es que hay mucho «estiércol» (problemas) en el campo de ovejas. Se necesita mucha paciencia, amor y misericordia para superar situaciones cotidianas de crisis y traumas entre las almas. Sin embargo, precisa-

Se necesita mucha paciencia, amor y misericordia para superar situaciones cotidianas de crisis y traumas entre las almas.

mente allí, en medio de las aflicciones reales de la vida, es que el pastor se impregna del «olor» de sus «ovejas». Al identificarse con su dolor, podrá aplicar la gracia de Dios y la sabiduría de su Palabra, en el poder del Espíritu Santo, como bálsamos medicinales y curativos.

Súper-oveja y súper-pastor

No hay tal cosa como una «súper-oveja»

(en realidad, tampoco existe un «súper-pastor»). La misma frase «pastores con olor a ovejas» nos hace tener conciencia sobre nuestra propia humanidad como líderes. «Hermanos, si alguien es sorprendido en pecado, ustedes que son espirituales deben restaurarlo con una actitud humilde. Pero cuídese cada uno, porque también puede ser tentado» (Gálatas 6:1); «Todo sumo sacerdote es escogido de entre los hombres. Él mismo es nombrado para representar a su pueblo ante Dios, y ofrecer dones y sacrificios por los pecados. Puede tratar con paciencia a los ignorantes y extraviados, ya que él mismo está sujeto a las debilidades humanas. Por tal razón se ve obligado a ofrecer sacrificios por sus propios pecados, como también por los del pueblo» (Hebreos 5:1-3). La realidad es que todas las «ovejas» son distintas y únicas. Están tanto las fuertes como las débiles, las obedientes y las menos dóciles, pero todas necesitan la cercanía y la guía pastoral porque si no, perderán el rumbo. «Reciban al que es débil en la fe, pero no para entrar en discusiones» (Romanos 14:1); «Los fuertes en la fe debemos apoyar a los débiles, en vez de hacer lo que nos agrada» (Romanos 15:1); «Hermanos, también les rogamos que amonesten a los holgazanes, estimulen a los desanimados, ayuden a los débiles y sean pacientes con todos» (1 Tesalonicenses 5:14).

Veamos algunas de las características y funciones de los «pastores con olor a ovejas» según las Escrituras.

Capítulo III

¡Revivamos la pasión pastoral!

Se busca alguien para cuidar ovejas

La intención de Dios es capacitar con sabiduría y conocimiento a sus pastores. «Les daré pastores que cumplan mi voluntad, para que los guíen con sabiduría y entendimiento» (Jeremías 3:15). La amonestación hecha a los que gobernaban a

Israel fue muy severa, y se les compara con pastores de un rebaño. «"¡Ay de los pastores que destruyen y dispersan el rebaño de mis praderas!", afirma el SEÑOR. Por eso, así dice el SEÑOR, el Dios de Israel, a los pastores que apacientan a mi pueblo: "Ustedes han dispersado a mis ovejas; las han expulsado y no se han encargado de ellas. Pues bien, yo me encargaré de castigarlos a ustedes por sus malas acciones —afirma el SEÑOR— ... Pondré sobre ellas pastores que las pastorearán, y ya no temerán ni se espantarán, ni faltará ninguna de ellas —afirma el SEÑOR—"» (Jeremías 23:1-2,4). El profeta Jeremías notaba el efecto de la mala dirección de los gobernantes con el pueblo. «Mi pueblo ha sido como un rebaño perdido; sus pastores lo han descarriado, lo han hecho vagar por las montañas. Ha ido de colina en colina, y se ha olvidado de su redil» (Jeremías 50:6). El profeta Ezequiel también señala la actitud incorrecta de los dirigentes contra el pueblo. «Ustedes se beben la leche, se visten con la lana, y matan las ovejas más gordas, pero no cuidan del rebaño. No fortalecen a la oveja débil, no cuidan de la enferma, ni curan a la herida; no van por la descarriada ni buscan a la perdida. Al contrario, tratan al rebaño con crueldad y violencia … Tan cierto como que yo vivo —afirma el SEÑOR omnipotente—, que por falta de pastor mis ovejas han sido objeto del pillaje y han estado a merced de las fieras salvajes. Mis pastores no se ocupan de mis ovejas; cuidan de sí mismos pero no de mis ovejas … Así dice el SEÑOR omnipotente: Yo estoy en contra de mis pastores. Les pediré cuentas de mi rebaño; les quitaré la responsabilidad de apacentar a mis ovejas, y no se apacentarán más a sí mismos. Arrebataré de sus fauces a mis ovejas, para que nos les sirvan de alimento» (Ezequiel 34:3-4,8,10).

Fieles administradores

El siguiente versículo encarna el espíritu de un «pastor con olor a ovejas». «Asegúrate de saber cómo están tus rebaños; cuida mucho de tus ovejas» (Proverbios 27:23). La diligencia y el cuidado son dirigidos mayormente hacia el rebaño y no hacia sí mismos. Por supuesto, esto no significa que desatendamos nuestras propias vidas como servidores. Básicamente, somos servidores y administradores fieles. «Que todos nos consideren servidores de Cristo, encargados de administrar los misterios de Dios. Ahora bien, a los que reciben un encargo se les exige que demuestren ser dignos de confianza» (1 Corintios 4:1-2). El profeta y pastor Samuel nos revela el gran sentido de responsabilidad que tuvo hacia sus «ovejas», el pueblo de Israel. «Aquí me tienen. Pueden acusarme en la presencia del SEÑOR y de su ungido. ¿A quién le he robado un buey o un asno? ¿A quién he defraudado? ¿A quién he oprimido? ¿Por quién me he dejado sobornar? Acúsenme, y pagaré lo que corresponda. "No nos has defraudado —respondieron—; tampoco nos has oprimido ni le has robado nada a nadie"» (1 Samuel 12:3:4).

Aires incorrectos

El Apóstol Pablo enumera de manera clara requisitos básicos de conducta para el pastorado, aplicables en todos los tiempos: «Se dice, y es verdad, que si alguno desea ser obispo, a noble función aspira. Así que el obispo debe ser intachable, esposo de una sola mujer,

La diligencia y el cuidado son dirigidos mayormente hacia el rebaño y no hacia sí mismos.

moderado, sensato, respetable, hospitalario, capaz de enseñar; no debe ser borracho ni pendenciero, ni amigo del dinero, sino amable y apacible. Debe gobernar bien su casa y hacer que sus hijos le obedezcan con el debido respeto; porque el que no sabe gobernar su propia familia, ¿cómo podrá cuidar de la iglesia de Dios? No debe ser un recién convertido, no sea que se vuelva presuntuoso y caiga en la misma condenación en que cayó el diablo. Se requiere además que hablen bien de él los que no pertenecen a la iglesia, para que no caiga en descrédito y en la trampa del diablo» (1 Timoteo 3:1-7). El apóstol Pedro nos especifica que el cuidado de las «ovejas» debe hacerse sin «aires» de superioridad. «A los ancianos que están entre ustedes, yo, que soy anciano como ellos, testigo de los sufrimientos de Cristo y partícipe con ellos de la gloria que se ha de revelar, les ruego esto: cuiden como pastores el rebaño de Dios que está a su cargo, no por obligación ni por ambición de dinero, sino con afán de servir, como Dios quiere. No sean tiranos con los que están a su cuidado, sino sean ejemplos para el rebaño» (1 Pedro 5:1-3). En resumen, el cuidado debe ser con respeto, entusiasmo, humildad y con el ejemplo personal. Ese cuidado se notará en el buen trato. «Como un pastor que cuida su rebaño, recoge los corderos en sus brazos; los lleva junto a su pecho, y guía con cuidado a las recién paridas» (Isaías 40:11).

> *El apóstol Pedro nos especifica que el cuidado de las «ovejas» debe hacerse sin «aires» de superioridad.*

La pasión de pastorear viene de la compasión al observar la necesidad de guía y dirección espiritual entre las almas. Jesús es nuestro mejor modelo: «Al ver a las multitudes, tuvo compasión de ellas, porque estaban agobiadas y desamparadas, como ovejas sin pastor» (Mateo 9:36). Dios es el que reparte el don ministerial del pastorado. «Él mismo constituyó a unos, apóstoles; a otros, profetas; a otros, evangelistas; y a otros, pastores y maestros» (Efesios 4:11). En contraposición, puede ser que alguno vea en las multitudes «mucha lana para trasquilar», ya no movido por la compasión sino por la «emocionante» ambición del lucro. Estos son obreros fraudulentos que solo piensan en su ventaja personal. «Tales individuos son falsos apóstoles, obreros estafadores, que se disfrazan de apóstoles de Cristo. Y no es de extrañar, ya que Satanás mismo se disfraza de ángel de luz. Por eso no es de sorprenderse que sus servidores se disfracen de servidores de la justicia. Su fin corresponderá con lo que merecen sus acciones» (2 Corintios 11:13-15). «Como les he dicho a menudo, y ahora lo repito hasta con lágrimas, muchos se comportan como enemigos de la cruz de Cristo. Su destino es la destrucción, adoran al dios de sus propios deseos y se enorgullecen de lo que es su vergüenza. Sólo piensan en lo terrenal» (Filipenses 3:18-19).

El anhelo ferviente

Jesús ejemplifica el verdadero sentido de cuidado y protección del pastor sobre sus ovejas, cuando hablaba de su relación con sus discípulos. «Mientras estaba con ellos, los protegía y los preservaba mediante el nombre que me diste, y ninguno se perdió sino aquel que nació para perderse, a fin de que se cumpliera la Escritura» (Juan 17:12).

Ahora, nosotros hemos sido hechos ministros competentes de un nuevo pacto. «¿Acaso comenzamos otra vez a recomendarnos a nosotros mismos? ¿O acaso tenemos que presentarles o pedirles a ustedes cartas de recomendación, como hacen algunos? Ustedes mismos son nuestra carta, escrita en nuestro corazón, conocida y leída por todos. Es evidente que ustedes son una carta de Cristo, expedida por nosotros, escrita no con tinta sino con el Espíritu del Dios viviente; no en tablas de piedra sino en tablas de carne, en los corazones. Ésta es la confianza que delante de Dios tenemos por medio de Cristo. No es que nos consideremos competentes en nosotros mismos. Nuestra capacidad viene de Dios. Él nos ha capacitado para ser servidores de un nuevo pacto, no el de la letra sino el del Espíritu; porque la letra mata, pero el Espíritu da vida» (2 Corintios 3:1-6).

El anhelo de un «pastor con olor a ovejas», siempre será cumplir con las expectativas del Dios que lo llamó.

El anhelo de un «pastor con olor a ovejas», siempre será cumplir con las expectativas del Dios que lo llamó. «¿Qué busco con esto: ganarme la aprobación humana o la de Dios? ¿Piensan que procuro agradar a los demás? Si yo buscara agradar a otros, no sería siervo de Cristo» (Gálatas 1:10).

Dos hombres bien diferentes

En la Tercera Carta de Juan (el libro más corto de la Biblia) se nos presenta un interesante cuadro, de posiblemente dos clases de pastores. Uno con «olor a ovejas» y otro con «olor» a autogratificación y vanagloria. «Le escribí algunas líneas a la iglesia, pero Diótrefes, a quien le encanta ser el primero entre ellos, no nos recibe. Por eso, si voy no dejaré de reprocharle su comportamiento, ya que, con palabras malintencionadas, habla contra nosotros sólo por hablar. Como si fuera poco, ni siquiera recibe a los hermanos, y a quienes quieren hacerlo, no los deja y los expulsa de la iglesia. Querido hermano, no imites lo malo sino lo bueno. El que hace lo bueno es de Dios; el que hace lo malo no ha visto a Dios. En cuanto a Demetrio, todos dan buen testimonio de él, incluso la verdad misma. También nosotros lo recomendamos, y bien sabes que nuestro testimonio es verdadero» (3 Juan 1:9-12). Estos versos nos sugieren dos escuelas de pensamiento y conductas pastorales. Diótrefes (original griego: "alimentado por Zeus") representa al dirigente dictatorial, abusivo, egocéntrico, orgulloso y amante del protagonismo. Este es el tipo de persona que le encanta «mandar» para ser visto por todos. Muestra un culto al «yo». Es ambicioso y tiene problemas con el concepto de autoridad, pues según el contexto bíblico, Diótrefes desafiaba las instrucciones del apóstol Juan. En su rebeldía y constante controversia, buscaba solo

> *En cambio, Demetrio representa al líder siervo. Quizás era el portador de la carta o posiblemente pastor de una comunidad vecina.*

su engrandecimiento entre las «ovejas». Ignoraba su ego inflado. En cambio, Demetrio representa al líder siervo. Quizás era el portador de la carta o posiblemente pastor de una comunidad vecina. Tipifica al dirigente local con corazón de siervo, buena reputación y testimonio, estando sujeto a las autoridades pertinentes. No se inmiscuía en luchas de competencias humanas y frívolas. A continuación una tabla de contrastes entre Diótrefes y Demetrio.

CONTRASTE ENTRE DOS HOMBRES	
La «Escuela» de Diótrefes	La «Escuela» de Demetrio
Culto al «yo» (ego inflado).	Corazón de siervo (con autoestima saludable).
Anhela que lo miren (vanagloria).	Quiere que miren la figura de Cristo.

Desea prominencia y protagonismo (ambición).	No le importa si es prominente o no (seguro de sí mismo).
Fiel solo a lo suyo dentro de la obra.	Fiel a Dios, a su causa, y a la obra en general.
Egoísmo sutil (camuflado). Solo busca la gloria y el aplauso del hombre.	Desprendido; servicial, no importa quién recibe la honra.
Orgullo y rebelión.	Dócil, humilde, obediente.
«El que es reacio a las represiones será destruido de repente y sin remedio» (Proverbios 29:1).	«Humíllense delante del Señor, y él los exaltará» (Santiago 4:10).
Problema con autoridad, sometimiento y sujeción (llaneros solitarios).	Corregible, gobernable, discipulable, permite mentores.

Contencioso por costumbre.	Ama y procura la armonía y la paz.
Solo cuenta el talento y las ejecutorias externas.	Cuenta más el carácter y el corazón limpio.
«...su destino es la destrucción, adoran al dios de sus propios deseos y se enorgullecen de lo que es su vergüenza. Sólo piensan en lo terrenal» (Filipenses 3:19).	«He sido crucificado con Cristo, y ya no vivo yo sino que Cristo vive en mí. Lo que ahora vivo en el cuerpo, lo vivo por la fe en el Hijo de Dios, quien me amó y dio su vida por mí» (Gálatas 2:20).
	«No todo el que me dice: "Señor, Señor", entrará en el reino de los cielos, sino sólo el que hace la voluntad de mi Padre que está en el cielo» (Mateo 7:21).

Orejas grises

Los pastores del campo de ovejas cumplían unas funciones de cuidado que representan la labor pastoral contemporánea. Las ovejas están muy familiarizadas con el tono de la voz de su pastor. Algunos extraños hacen el mismo llamado pero las ovejas no le siguen; por el contrario, huyen porque reconocen que no es la verdadera voz de su pastor. «El portero le abre la puerta, y las ovejas oyen su voz. Llama por nombre a las ovejas y las saca del redil. Cuando ya ha sacado a todas las que son suyas, va delante de ellas, y las ovejas lo siguen porque reconocen su voz. Pero a un desconocido jamás lo siguen; más bien, huyen de él porque no reconocen voces extrañas» (Juan 10:3-5). Si el rebaño no es grande, el pastor les pone nombre a todas las ovejas. Las conoce por ciertas características individuales. A veces puede nombrarlas como «Listada», «Negra», «Café», «Orejas grises», etc., denotando así el afecto que les tiene. Por lo general, el pastor va delante de ellas.

Esa intimidad, respeto y confianza no se manifiestan de forma automática, sino que nacen y van creciendo en la relación entre el pastor y la «oveja» en el diario vivir. En las relaciones interpersonales del pastorado es que se logra conquistar el oído del creyente.

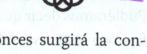

En las relaciones interpersonales del pastorado es que se logra conquistar el oído del creyente.

En la medida en que hay cercanía en la relación pastor-miembro, entonces surgirá la confianza. Esto no sucederá «por control remoto» o por la imposición de una relación.

Ovejas que fajan

La vara del pastor por lo general se hacía de madera de encino. Algunos le ponían una bola en el extremo y le clavaban clavos para hacerla más efectiva como arma contra los animales feroces. Es muy posible que David usara esta vara para proteger a las ovejas de los animales salvajes.

El mismo Jesús declaró que «el ladrón no viene más que a robar, matar y destruir» (Juan 10:10). En ocasiones, personas controversiales se acercan al «rebaño» con intereses ya creados y con agendas ocultas. Solo buscan tener tratos preferenciales y acceso a «las ovejas» para fines económicos o ambicionando posiciones de influencia. En efecto, son «lobos rapaces vestidos de ovejas». Pudiéramos decir que estas son «ovejas que fajan» o «lobos vestidos de ovejas», y deben ser corregidas y detenidas valientemente por el pastor y su vara de autoridad. Yo comparo esa «vara» de autoridad con la enseñanza y predicación certeras que desenmascarán las verdaderas intensiones de estos «mercaderes» sutiles. En mi país hay un dicho de pueblo que dice: «Lo cortés, no quita lo valiente». Cuando el pastor discierne que es por el bien general de todas las «ovejas» y es lo correcto a hacer en beneficio de la obra, debe ejercer toda su autoridad (aunque con guantes de seda) y su rol como protector del «rebaño» sin dilación, con firmeza y sin ninguna cohibición. La negligencia del pastor en proteger a su «rebaño» causará que se dispersen las almas. A veces las decisiones más difíciles son las más necesarias para salvaguardar la salud espiritual del cuerpo de Cristo.

> *A veces las decisiones más difíciles son las más necesarias para salvaguardar la salud espiritual del cuerpo de Cristo.*

Cuidamos la dieta

Una de las obligaciones más importantes del pastor de campo, durante todas las estaciones del año, era pensar en cómo conseguir el alimento para sus ovejas. «Fueron hasta la entrada de Guedor, al este del valle, en busca de pastos para sus ganados» (1 Crónicas 4:39). En Israel, durante la primavera, existe abundancia de verdes pastos, así que por lo general, se deja a las ovejas pacer cerca de la región donde vive el pastor. Luego, durante el tiempo de las cosechas, cuando se recoge el grano y los pobres han rebuscado lo que se les dejó para ellos, el pastor lleva a su rebaño para que se alimente de algunas plantas recién nacidas, de hojas secas, o de alguna mazorca de grano dejado por los que recogen las cosechas.

El desierto de Judea, del lado occidental del valle del Jordán, está alfombrado en primavera con cierta cantidad de hierba, la cual se convierte en heno cuando viene el tiempo de los calores, transformándose así en alimento para las ovejas durante el verano. En los meses de invierno, cuando

escasean los pastos necesarios para su rebaño, el pastor afanosa y diligentemente guía
a sus ovejas a lugares montañosos, donde
corta ramas de los arbustos que tienen hojas verdes o retoños tiernos, para así alimentarlas. De hecho, la raíz etimológica de
la palabra pastor implica pastar o alimentar.
Esta labor era muy tediosa y muchas veces
solitaria. Requería gran paciencia.

En la vida del pastor de campo, debido
a la familiaridad de los prados, a veces se
experimenta la monotonía, por lo cual en
ocasiones él juega con sus ovejas. De vez
en cuando, el pastor finge que se aleja de
ellas y de pronto las ovejas corren y lo ro-
dean brincando con alegría a su alrededor.
Este concepto de juego y recreación nos
habla en efecto sobre la vida tensa del pastor contemporáneo y los peligros de la monotonía espiritual.

Día libre

En el calendario pastoral debe existir el mínimo de un día a la semana (puede hacerlo más días o mañanas) en que pueda cambiar el ritmo de sus funciones, y tomarlo libre para disfrutar de hacer deportes, ir de caza, tener un pasadía en el campo o realizar cualquier otra actividad que le ayude a recrearse y mejorar su condición física. Tales momentos ayudan a estar alerta mentalmente, alivian el estrés y renuevan su perspectiva con nuevas energías. Además, le proveen un tiempo de calidad e intimidad con su esposa (o esposo) e hijos, que tanto necesitan de su cercanía también.

¿Cuántas situaciones explosivas y de tensión se podrían evitar en el pastorado contemporáneo, si tan solo se tomaran con disciplina estos momentos de microvacaciones semanales de escapes, descanso y renovación?

Comida chatarra

Para el pastor contemporáneo es una responsabilidad esencial buscar y proveer el buen alimento, fresco, nutritivo y saludable, de la Palabra para las almas. No será necesariamente el «alimento» más sensacionalista, o el que esté «de moda». Hay «pastos» que aparentemente son buenos, pero son comparables al «junk food» (comida chatarra). El «pasto» escritural sólido produce siempre madurez y crecimiento balanceado. Las ovejas no buscan su propio alimento sino que comen del «prado» a donde el pastor las lleve. En esta responsabilidad pastoral, debemos ser cuidadosamente intencionales y practicar una buena exégesis de las Escrituras sin entrar en dogmatismos. Hay alimento cuyo «valor nutritivo escritural» es superficial y contiene mezclas modernas de enseñanzas de Nueva Era, metafísica, etc. Yo lo llamo, un sincretismo moderno sutil. Todo se queda en meramente «buen sabor», pero con más confusión. Los «pastos escriturales» contienen: «carbohidratos», «minerales» y «proteínas» esenciales para un «balance metabólico» espiritual.

Cuántas veces observamos que se dirige a las «ovejas» a solo alimentarse en «ambientes» o «atmósferas» de aparente avivamiento, pero vacíos de sustancia escritural. El resultado es «ovejas» de constitución débil, sin convicciones y carentes de metas espirituales. En cierta ocasión un creyente invitó a su amigo, un viejo cacique indio, a uno de sus servicios cristianos. Al concluir, el creyente le preguntó al cacique indio: «¿Bueno, y qué impresión tienes del servicio?», a lo cual el cacique, breve pero honestamente, le respondió: «Mucho trueno, poca lluvia».

> *El «pasto» escritural sólido produce siempre madurez y crecimiento balanceado.*

¡Qué gran verdad! ¡Necesitamos los «truenos» de la presencia de Dios, pero que sean producidos por la «lluvia» de su Palabra!

Es preocupante cómo en este tiempo de tanto interés en la búsqueda de la «espiritualidad» entre la gente, muchos de nuestros propios miembros de iglesias, cuando se les pregunta sobre temas doctrinales tan básicos y formativos como la redención, la regeneración, el arrepentimiento, la justificación por la fe, la santificación, el crecer en gracia, el pecado, la salvación, la vida en el Espíritu, etc., reflejan una crasa ignorancia. En esencia, parece que vivimos en un analfabetismo bíblico.

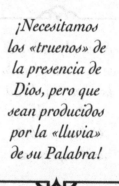

¡Necesitamos los «truenos» de la presencia de Dios, pero que sean producidos por la «lluvia» de su Palabra!

Esto nos debe preocupar como pastores, pues tenemos la responsabilidad de proveer el alimento propio. Muchas personas fundamentan su vida espiritual sobre la base de cuentos e historietas superficiales porque se les priva de la «rica savia» de las Escrituras. Por lo tanto, no tendrán fuerza apologética, es decir, información espiritual correcta para rebatir los argumentos falsos de una época secularizada.

El alimentar las almas con las Escrituras constituye una tarea pedagógica seria, constante y de mucho tacto, que requiere cercanía a las ovejas de parte del pastor. Hay un dicho popular que expresa una gran verdad médica: «Somos lo que comemos». En ese mismo sentido, el «rebaño» de creyentes

Si en el prado que se les lleva abunda la superficialidad, su desarrollo en Cristo también será superficial.

será lo que se les da de comer. Si en el prado que se les lleva abunda la superficialidad, su desarrollo en Cristo también será superficial. Recae en el pastor enseñar a las almas a amar el «pasto» fresco de las Escrituras.

Esta mentalidad salvaguarda el crecimiento espiritual continuo del creyente y su servicio con madurez y carácter en la «vida del redil».

Hablando de la habilidad, el tacto y el ingenio que el pastor de campo tenía que utilizar para llevar a sus ovejas a distintos prados y así lograr alimentarlas bien, lo mismo acontece en la esfera moderna con las almas. Esta es la generación de lo audiovisual. Toda metodología tecnológica que ayude a facilitar la alimentación y comunicación de la verdad divina entre la gente, debe ser utilizada por el pastor contemporáneo con excelencia e intencionalidad. Los mensajes ilustrados, los videos, el formato de teatro, los dramas, el arte, el humor motivacional, la musi-evangelización, etc., todo esto, puesto en manos de líderes-siervos, ungidos por el Espíritu Santo y amantes de las almas, será una herramienta efectiva para captar la atención y el corazón del oyente de este nuevo siglo. Así será atraído hacia la verdad divina. Naturalmente, el resto lo hará el Señor. Nuestra parte es hacer más apetecibles las buenas nuevas del evangelio de Cristo.

Alimentación creativa

La creatividad del pastor contemporáneo en la metodología, en oración y bajo la guía, llenura y pasión del Espíritu Santo (¡de hecho, el más creativo en la Biblia!), para llevar a sus «ovejas» a alimentarse de la verdad divina, será crucial para mantenerse efectivo en un medioambiente extremadamente competitivo.

La metodología evolutiva no está en conflicto con los principios escriturales que siempre se van a implantar en los corazones por la obra del Espíritu Santo. Si no permitimos la innovación del Espíritu Santo en la metodología, solo veremos la consistencia en la desnutrición y el alejamiento de las almas en «prados» secos, llenos de tradiciones religiosas y conformistas, que ya no son relevantes ni efectivas para esta generación. Cuando los cambios en las prácticas religiosas tradicionales (muchas veces dogmas) no violan los principios doctrinales fundamentales, entonces son cambios positivos, necesarios y efectivos para las «ovejas».

Se cree que fue Thomas Jefferson quien dijo: «En asuntos de estilos, nada con la corriente; en materia de principios, párate como una roca». Tenemos que usar diversas metodologías pertinentes a la cultura en que se vive, a fin de ver mejor asimilación y comunicación de la verdad del evangelio. Así fue Jesús, encarnó nuestra vivencia. «Y el Verbo se hizo hombre y habitó entre nosotros» (Juan 1:14). Necesitaremos algo más que templos y facilidades hermosas para atraer y retener almas para el Señor.

Por virtud de Dios, Jesús nació dentro de una cultura. Adoptó las comidas, el estilo de los vestidos y las costumbres, sin dejarse corromper. Si lo hubiera hecho diferente, no hubiera sido efectivo. Cumplió la ley, a la vez que condenó las prácticas de las tradiciones religiosas muertas. A un Nicodemo le habló distinto que a la mujer Samaritana. Usó diferentes estrategias para alcanzarles con estilos distintos. El teólogo más grande del Nuevo Testamento, el apóstol Pablo, menciona esta filosofía de evangelismo transcultural que él también usó: «Aunque soy

Se cree que fue Thomas Jefferson quien dijo: «En asuntos de estilos, nada con la corriente; en materia de principios, párate como una roca».

libre respecto a todos, de todos me he hecho esclavo para ganar a tantos como sea posible. Entre los judíos me volví judío, a fin de ganarlos a ellos. Entre los que viven bajo la ley me volví como los que están sometidos a ella (aunque yo mismo no vivo bajo la ley), a fin de ganar a éstos. Entre los que no tienen la ley me volví como los que están sin ley (aunque no estoy libre de la ley de Dios sino comprometido con la ley de Cristo), a fin de ganar a los que están sin ley. Entre los débiles me hice débil, a fin de ganar a los débiles. Me hice todo para todos, a fin de salvar a algunos por todos los medios posibles. Todo esto lo hago por causa del evangelio, para participar de sus frutos» (1 Corintios 9:19-23).

En nuestro mundo, rico en diversidad de culturas, Dios ha enviado a su iglesia, sus pastores y sus líderes para sembrar el evangelio. ¡Nuestra misión es transcultural! Cada cultura es objeto del amor de Dios.

De nuevo, es necesario que el pastor contemporáneo se deje guiar por la innovación del Espíritu, para comunicar y alimentar al «rebaño» con los principios inconmovibles del evangelio. Es posible encarnar la cultura sin dejarnos corromper por sus aspectos inmorales, con el fin de rescatar almas para el reino del Señor.

> *Es posible encarnar la cultura sin dejarnos corromper por sus aspectos inmorales, con el fin de rescatar almas para el reino del Señor.*

La meta del pastor de campo no era que sus ovejas «amaran» a un prado en particular. De igual forma, la meta del pastor de almas es que glorifiquen a Cristo y no meramente los gustos o preferencias cristianas del momento.

Nueva lírica

Para eso, será necesario adaptarse a estilos y metodologías sin perjudicar los principios eternos y bíblicos. Juan Wesley y Martín Lutero usaron la perspectiva de encarnar la cultura. Wesley comenzó a hablar sobre el evangelio directamente a los mineros de Inglaterra, y los reunía en pequeños grupos en sus casas, en lugar de en grandes catedrales. Eso le ocasionó una gran persecución, pero para fines de evangelismo, fue bien efectivo. Martín Lutero siguió este camino cuando escribió nueva lírica a los tonos musicales tradicionales de su época. ¡Dichos tonos eran cantados hasta en las barras y las tabernas de Alemania! Ellos se adaptaron y fueron relevantes a la cultura de su época para poder comunicar las grandezas del evangelio.

Cuando los prados conocidos por las ovejas se volvían improductivos por las sequías, el pastor de campo adaptaba y modificaba su ruta para conducir a sus ovejas a otro prado con el fin de alimentarlas. El medio o prado cambiaba, pero el fin era el mismo, lograr alimento para las ovejas.

El alimento escritural fortalece el carácter cristiano. En muchas ocasiones se sacrifica el carácter con tal de obtener el talento. Sin embargo, son tiempos de darle más énfasis al desarrollo del carácter cristiano que al talento. Creo que ya se ha comprobado bastante, en el ámbito cristiano, que el talento sin carácter constituye una receta para la mediocridad espiritual. Por otro lado, también es cierto que el talento cristiano alimentado debidamente con el «pan» de las Escrituras, resultará en «ovejas» fortalecidas,

Sin embargo, son tiempos de darle más énfasis al desarrollo del carácter cristiano que al talento.

maduras y con bendición perdurable en su comunidad de fe.

Charcas de agua

Correlacionado con esta obligación de proveer alimento para sus ovejas, el pastor de campo también tenía que ubicar los cuerpos de agua fresca. Era una necesidad absoluta que el cuerpo de agua estuviera accesible. Eran preferidas las charcas de agua en lugar de las corrientes en movimiento, pues las ovejas se asustaban al abrevarse. La clave era proveer un lugar quieto y tranquilo donde las ovejas calmaran su sed. Por eso el salmista David, que también fue pastor de ovejas, exclamó: «Junto a tranquilas aguas me conduce» (Salmo 23:2).

Cuando se secaban esas charcas, entonces el pastor hábilmente las dirigía hacia un pozo de agua. Cuán cierto es que a donde se alimenta y se bebe con quietud y calma, sin prisa, el alimento caerá mejor al sistema digestivo y los beneficios de esa nutrición se hacen palpables.

Una labor pastoral importante es adiestrar a las almas para que se «alimenten» y «beban», por su propia intimidad y quietud, con la Palabra a través de la oración. La vida espiritual privada e íntima, bien manejada, producirá frutos maduros para cada «oveja» y una vida llena del Espíritu Santo.

> *La vida espiritual privada e íntima, bien manejada, producirá frutos maduros para cada «oveja» y una vida llena del Espíritu Santo.*

Será clave para el pastorado contemporáneo enseñar que el sentido de familia o de equipo es imprescindible para las relaciones interpersonales saludables. Somos parte de un todo y crecemos mejor bajo la unión de fuerzas y capacidades diversas. El síndrome de «Llanero Solitario» se debe desalentar. En esa consideración, los unos por los otros, se fomenta la fuerza de la unión colectiva.

Las noventa y nueve

El pastor también está interesado en cada una de las ovejas de manera individual. Esa intimidad con las ovejas le impregnará «su olor». En el campo, por lo general, el pastor las cuenta diariamente por las tardes al entrar al redil, pero algunas veces no lo hace porque ya puede percibir la ausencia de alguna de sus ovejas. Es ahí que «dejando las noventa y nueve en el redil», sale en busca de una sola.

Es crucial que el pastor implemente un sistema y método de seguimiento a las almas, junto a su personal pastoral, oficiales y líderes laicos, de modo que se detecte a tiempo la ausencia de miembros para procurarlos y ministrar a sus necesidades. A todo miembro de una familia le agrada cuando se le estima, se le apoya y se le tiene en cuenta. Lo mismo funciona en la relación pastor-oveja; de manera que, sin importar el tamaño de la comunidad de fe, un buen sistema de seguimiento y cotejo, presidido por el pastor pero también delegado entre sus líderes, extenderá la cercanía y el cuidado pastoral que las «ovejas» necesitan constantemente. Esta cobertura pastoral variará según el crecimiento y la madurez individual de cada persona. Hay «ovejas» cuyo desarrollo espiritual es firme y maduro. Naturalmente, estas no requerirán tanta cercanía como otras que aún están evolucionando en etapas sensibles de su discipulado. El pastor con «olor a ovejas» sabrá discernir entre ambas posibilidades.

Perros amaestrados

Al crecer y prosperar el número de ovejas, el pastor de campo utiliza a otros pastores asistentes, y si no, a ciertos perros amaestrados para manejar el rebaño. Cuando van de viaje, el pastor por lo general va a la cabeza del rebaño y a los perros se les permite ir a la zaga. Ladran furiosamente si algún extraño se introduce entre las ovejas y avisan de un posible peligro contra el rebaño. Cuando las ovejas están en el redil, entonces los perros son los guardianes contra cualquier ataque del enemigo. Algunos enemigos de las ovejas han sido asustados por el desafiante ladrido de estos animales. El patriarca Job dice de los perros pastores: «¡Y ahora resulta que de mí se burlan jovencitos a cuyos padres no habría puesto ni con mis perros ovejeros!» (Job 30:1).

El «pastor con olor a ovejas» tiene conciencia de que milita en una guerra espiritual y no puede negociar el hecho de que también es un soldado.

Hoy como ayer, el pastorado contemporáneo también implica lucha espiritual. El «pastor con olor a ovejas» tiene conciencia de que milita en una guerra espiritual y no puede negociar el hecho de que también es un soldado. «Ninguno que milita se enreda en los negocios de la vida, a fin de agradar a aquel que lo tomó por soldado» (2 Timoteo 2:4, RVR 1960). Esto me trae a la memoria un escrito de autor desconocido que infunde valor al que ejerce el pastorado:

¡Soy soldado!

Él ahora me da una asignación y me está activando en la misma, Soy un soldado en el ejército de Dios.
El Señor Jesucristo es mi comandante en jefe,
La Santa Biblia es mi código de conducta,

Fe, oración, y la Palabra son mis armas de guerra,
He sido enseñado por el Espíritu Santo, entrenado por la experiencia,
Probado por la adversidad y probado por el fuego.
Soy un voluntario en este ejército y estoy enlistado para la eternidad.
Yo me retiraré en este ejército por virtud del Rapto, o moriré en él.
Pero no me saldré de él, no seré persuadido a abandonarlo,
No me empujarán de él,
Soy fiel, capaz y confiable.
Él me puede usar, porque soy un soldado.
No soy un bebé, no necesito que me añoñen
Ni estimulen, me alienten o me hamaqueen.

¡SOY UN SOLDADO!

Nadie tiene que llamarme, recordarme,
escribirme, visitarme, engatusarme o
seducirme.

¡SOY UN SOLDADO!
No soy un debilucho,
Estoy en posición, saludando a mi Rey,
Obedeciendo sus órdenes,
¡Alabando su nombre y construyendo
su reino!
Nadie me tiene que enviar flores,
regalos, postales, dulces o invitaciones,
No necesito ser acurrucado, mecido o
complacido.

¡ESTOY COMPROMETIDO!
Mis sentimientos no pueden ser tan
heridos que me hagan retroceder,
No puedo ser desanimado lo suficiente
Como para echarme a la orilla.

¡SOY UN SOLDADO!

No puedo perder tanto que me haga renunciar,
Si termino sin nada, aun así, saldré adelante.

¡YO GANARÉ!
Mi Dios provee y seguirá proveyendo todas mis necesidades.

¡SOY MAS QUE VENCEDOR!
Yo siempre triunfaré.
¡Puedo hacer todas las cosas
A través de Cristo que me fortalece!
¡Los demonios no me pueden derrotar!
La gente no me puede desilusionar,
El clima no me puede cansar,
La enfermedad no me puede detener,
Batallas no me pueden ganar,
El dinero no me puede comprar,
Los gobiernos no pueden silenciarme,
¡Y el infierno no puede manejarme!

¡SOY UN SOLDADO!
Ni la muerte me puede destruir,
Porque cuando mi Comandante
Me llame de este campo de batalla,
Él me promocionará al rango de
Capitán
Y me permitirá reinar con él.
Soy un soldado en el ejército
Y estoy marchando
Reclamando la victoria.
No me daré por vencido,
No volveré,

¡SOY UN SOLDADO MARCHANDO
HACIA EL REINO CELESTIAL!

Delegar pastos

Otro aspecto importantísimo será la sabia delegación. Claro está, los requisitos de lealtad e integridad son lo que hacen sabia cualquier delegación. No debe existir delegación para evadir trabajos. Esto es indispensable en el trabajo efectivo y contemporáneo con las almas. Un análisis cuidadoso del sabio consejo del suegro de Moisés, Jetro, sacerdote de Madián, resultará en excelentes beneficios para un trabajo coordinado, justo y cabal con las «ovejas»: «Al día siguiente, Moisés ocupó su lugar como juez del pueblo, y los israelitas estuvieron de pie ante Moisés desde la mañana hasta la noche. Cuando su suegro vio cómo procedía Moisés con el pueblo, le dijo:

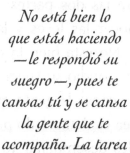

No está bien lo que estás haciendo —le respondió su suegro—, pues te cansas tú y se cansa la gente que te acompaña. La tarea es demasiado pesada para ti; no la puedes desempeñar tú solo.
—Éxodo 18:17-18

—¡Pero qué es lo que haces con esta gente! ¿Cómo es que sólo tú te sientas, mientras todo este pueblo se queda de pie ante ti desde la mañana hasta la noche?

—Es que el pueblo viene a verme para consultar a Dios —le contestó Moisés—. Cuando tienen algún problema, me lo traen a mí para que yo dicte sentencia entre las dos partes. Además, les doy a conocer las leyes y las enseñanzas de Dios. —No está bien lo que estás haciendo —le respondió su suegro—, pues te cansas tú y se cansa la gente que te acompaña. La tarea es demasiado pesada para ti; no la puedes desempeñar tú solo. Oye bien el consejo que voy a darte, y que Dios te ayude. Tú debes representar al pueblo ante Dios y presentarle los problemas que ellos tienen. A ellos los debes instruir en las leyes y en las enseñanzas de Dios, y darles a conocer la conducta que deben llevar y las obligaciones que deben cumplir. Elige tú mismo entre el pueblo hombres capaces y temerosos de Dios, que amen la verdad y aborrezcan las ganancias mal habidas, y desígnalos jefes de mil, de cien, de cincuenta y de diez personas. Serán ellos los que funjan como jueces de tiempo completo, atendiendo los casos sencillos, y los casos difíciles te los traerán a ti. Eso te aligerará la carga, porque te ayudarán a llevarla. Si pones esto en práctica y Dios así te lo ordena, podrás aguantar; el pueblo, por su parte, se irá a casa satisfecho. Moisés atendió a la voz de su suegro y siguió sus sugerencias. Escogió entre todos los israelitas hombres capaces, y los puso al frente de los israelitas como jefes de mil, cien, cincuenta y diez personas. Estos jefes fungían como jueces de tiempo completo, atendiendo los casos sencillos pero remitiendo a Moisés los casos difíciles. Más tarde Moisés despidió a su suegro, quien volvió entonces a su país» (Éxodo 18:13-27). Se desprende de la historia que aunque Moisés (que también fue pastor de ovejas) no pidió el consejo de su suegro, sí lo escuchó y lo puso en práctica. Con seguridad el consejo de Jetro salvó a Moisés de un colapso físico y nervioso temprano en su ministerio del desierto. Además, se sirvió a más gente en menos tiempo y con mayor calidad. Nunca podremos ser el hombre «orquesta» (que toca todos los instrumentos). El pastor de almas ha de ser también mentor de otros líderes en cierne, compartiendo con ellos su visión, capacidad e influencia. Cuando se labora así, hay satisfacción y recompensa. ¡Mas quiero recordarte que tu mayor recompensa viene!

Capítulo IV

¡Tu recompensa viene!

Dios les paga bien a sus obreros. «El que siembra y el que riega están al mismo nivel, aunque cada uno será recompensado según su propio trabajo ... Si lo que alguien ha construido permanece, recibirá su recompensa» (1 Corintios 3:8,14). Para los pastores hay una corona muy particular que el Señor les dará: «Así, cuando aparezca el Pastor supremo, ustedes

recibirán la inmarcesible corona de gloria»
(1 Pedro 5:4).

Se ha dicho, y con razón, que el ministerio pastoral contemporáneo es una vocación divina con «muchos sombreros». Las exigencias actuales, entre las cuales se destacan una mayor preparación teológica y destrezas administrativas para el pastorado, son propias y necesarias. Por lo cual, no debemos desperdiciar ninguna oportunidad para seguir expandiéndonos y creciendo personalmente en materias que sigan refinando el don ministerial que hemos recibido de Dios.

Pro-oveja

No obstante, no podemos darnos el lujo de perder de vista que el «olor a ovejas» será la mayor evidencia de lo real y funcional de nuestro ministerio. Más allá de los libros y programas de oficinas, de reuniones en aire acondicionado, más allá de los olores de perfumes y ropa clerical, la humanidad del «olor a ovejas» deberá estar impregnada en las huellas de nuestras manos. Que tu ministerio nunca sea pro-imagen, sino pro-oveja. Durante este trabajo tan noble con seres humanos, también existe la posibilidad de sucumbir a sentimientos personales de amarguras, resentimientos y autoconmiseración. Estas heridas internas, no resueltas, tendrán efectos nocivos entre las «ovejas», por lo tanto es importante la salud emocional y espiritual del pastor de almas.

El cirujano y el misionero

En cierta ocasión escuché el relato de un pastor-misionero que, luego de muchos años de labor, volvía a su país de origen para su merecido retiro. Sería una etapa de transición difícil pero necesaria. Su familia lo esperaba con ansias y él añoraba verlos. En el mismo viaje por avión, también regresaba un renombrado cirujano de la zona. Al llegar a su destino, a la salida de los pasajeros, había todo un comité de bienvenida formado por familiares y amigos, que con vítores y aplausos recibían y abrazaban al cirujano, que tantas vidas había librado de enfermedades. Pero... nadie había llegado para recibir al pastor-misionero. Debido a una información incorrecta de la llegada de su vuelo, su familia y sus amigos se habían retrasado en su llegada al aeropuerto. Mientras él los esperaba, sutilmente, una raíz de sentimiento de tristeza comenzó a infiltrarse en su corazón. (¡Cuidado con las raíces!). Comenzó mentalmente a calcular y repasar todo el inmenso y tedioso trabajo de tantos años llevado a cabo en un país extranjero. Las privaciones de comodidades y buenas comidas, los momentos de gran peligro, las épocas de enfermedad, el bien hecho a cientos de almas discipuladas y bautizadas, los templos construidos, etc. Todo lo veía

como una película desplegada vertiginosa-
mente. Lágrimas calientes de amargura y
resentimiento se asomaron a sus ojos. «Yo
también soy digno de una bienvenida así,
porque más que ayudar a personas enfermas, yo ayudé a ganar almas», pensaba con
coraje. Mientras observaba la algarabía que
rodeaba al famoso cirujano, de momento le
invadió un sentido de soledad. Alejándo-
se cabizbajo y compungido en su espíritu,
tomó un taxi, tirándose hacia atrás en el
asiento posterior, sumido en su autocompa-
sión. Llegó sin ánimo a un cuarto de hotel,
a donde esperaría a sus familiares. Luego
de soltar su equipaje, se lanzó de rodillas
en profundo llanto y oración al lado de la
cama, tratando de controlar sus emociones.
De pronto... ¡él cuarto se llenó de una fuerte
y brillante luz! ¡Él percibió que la presencia
del Señor llenaba la atmósfera! Al momento, sintió cómo dos manos cálidas y firmes
se posaron gentilmente sobre sus hombros,

infundiéndole nuevas fuerzas instantanea-
mente. A la misma vez, oyó la voz única del
Príncipe de los Pastores, diciéndole: «¡Mi
siervo querido y fiel, todavía no es tu bienvenida, te estoy preparando una gran fiesta!».
El pastor-misionero, aún bañado en lágrimas pero esta vez de consolación y alegría,
alzaba sus manos al cielo, arrepentido de sus
resentimientos y celos, maravillado de que
el Señor del universo hubiese descendido a
visitarle personalmente. Distinguidos pastores y ministros en la labranza del Maestro,
cuando la amargura, el resentimiento o el
celo quieran asomar su nefasta «cabeza» en
nuestros corazones, recordemos que nuestra recompensa aún se está preparando y algún día escucharemos su voz única dicién-
donos: «¡Hiciste bien, siervo bueno y fiel! En
lo poco has sido fiel; te pondré a cargo de
mucho más. ¡Ven a compartir la felicidad de
tu señor!» (Mateo 25:21). ¡Seremos corona-
dos! ¡No te puedes perder esa ceremonia!

Vivimos en un momento de la historia en que el ministerio pastoral bíblico es más útil y necesario que nunca. Necesitamos rededicarnos y adherirnos a los sencillos principios de servicio y nobleza que deben caracterizarnos. El éxito de este don ministerial siempre estará enmarcado en el contacto relacional con las «ovejas» a nuestro cuidado. Que la prueba final de tu ministerio sea cuánto «olor a ovejas» expidas ante Dios. La salud espiritual de las almas es lo que en verdad engalana las facilidades físicas del «rebaño». ¿Sientes el llamado de Dios al pastorado? ¿Cómo le responderás? Ojalá puedas responder como se hizo en este poema.

Yo iré Señor donde tú digas
Autor: Desconocido

Yo iré Señor donde tú digas.
Haya reposo o haya fatigas;
Haya abundancia o haya escasez,

OLOR A OVEJAS

Haya tinieblas, luz y alegría,
Donde sea útil la vida mía la llevaré.
Yo iré Señor por los caminos
No importa cundan cardos y espinos;
No importa cierna la oscuridad,
Ya brille el sol o a chorros llueva
Yo iré diciendo tus buenas nuevas de libertad.
Yo iré diciendo por el sendero,
Tu sacrificio en el madero,
Tu sufrimiento, tu expiación.
Le diré al mundo que tú le amaste
Que por salvarle te desgarraste el corazón.
Yo iré, donde tú quieras
A pescar hombres o a domar fieras
Donde tú anheles allí estaré
Sea en el valle o en el profundo abismo
Yo iré gozoso con optimismo, te seguiré.
Pero te pido que tú me guardes
Que en mis afanes nunca me olvides
Que a cada instante me des más fe.
Si tú me miras el mundo es mío
No tendré dudas ni desvarío y triunfaré.

Dame consuelo para el sufrido
Sedante trato para el herido
Y miel rosada a la niñez
Que cuando mire seas tú quien mire
Y cuando actúe, tú quien me inspire
Hacer el bien.
Guárdame siempre contra la carne
No tenga luego que avergonzarme
Ni deshonrarte mi buen Jesús.
Que en otra parte no me enrede
Que en ti yo viva y siempre abrace
Tu dulce cruz.
Hazme soldado apasionado.
De tu ideario, enamorado
Que siempre tenga algo que hacer
Mira que el diablo se mete en todo
Cambia los pechos a piedra y lodo
Señor, dame poder.
Mi vida toda yo te la ofrezco
Tu apostolado no lo merezco
Si me llamaste, estoy aquí.
Yo iré Señor donde tú digas

OLOR A OVEJAS

Haya abundancia o haya fatigas
Dispón de mí, y aquí me tienes
Tu voz espero.
Hazme sencillo y humilde obrero
Que va a los campos solo a sembrar
En mis alforjas yo nada llevo
Si algo tengo a ti lo doy.

¡Es mi oración que el Espíritu Santo encienda y apasione tu corazón de nuevo y que Dios siga dándonos pastores «con olor a ovejas» para esta generación!

Bibliografía

El Nuevo Manual Bíblico Ilustrado, Editorial Unilit.

Diccionario Bíblico Ilustrado, Vila-Santamaría, Editorial Clie.

Encyclopedia Of 700 Illustrations Signs of The Times, Paul Lee Tan, Assurance Publishers.

Brothers, We are Not Professionals, John Piper.

EL buen Pastor, Tomos I y II, Editorial Vida.

Biblical Church Growth, Gary L. McIntosh, Baker Books.

Pastores del rebaño, G. B. Williamson, D.D.

Breve biografía

El Rdo. David Samuel Ocasio nació en Santurce, Puerto Rico, en el año 1957. Fue criado en la metrópolis de Nueva York siendo el cuarto entre siete hermanos y hermanas. Está casado con Yvonne Hernández Marrero hace treinta años y es padre de tres hermosos y creativos hijos, Jonathan, Mirelys y Joel.

Egresó del Colegio Teológico del Caribe de las Asambleas de Dios, en Bayamón, PR, en el año 1978 como estudiante interno. Siendo ministro ordenado, su experiencia pastoral ya recorre veintiocho años en distintas congregaciones del Distrito de Puerto Rico de las Asambleas de Dios.

En la actualidad vive en Carolina, PR, en unión a su esposa, y a través del Ministerio Herencia, se dedican a la mentoría y edificación por medio de predicaciones, enseñanzas y conferencias en distintas iglesias en y fuera de Puerto Rico.

Para contacto, comentarios o más
información puede escribir a:
herencia@live.com
Celulares: (787) 596-9389
(787) 297-2062
http://ministerioherencia.blogspot.com

Nos agradaría recibir noticias suyas.
Por favor, envíe sus comentarios sobre este libro
a la dirección que aparece a continuación.
Muchas gracias.

vida@zondervan.com
www.editorialvida.com